| 刘 | 禹 | 锡 |

Writing and Appreciating

选　注：王　荣
丛书策划：熊　晶
责任编辑：熊　晶
封面设计：万　杨
版式设计：左岸工作室
技术编辑：李国新

图书在版编目（CIP）数据

刘禹锡 / 田英章主编；田雪松编著.
——武汉：湖北美术出版社，2017.11（2018.11重印）
（田英章田雪松硬笔行楷描临本·古今词文）
ISBN 978-7-5394-9198-1

Ⅰ.①刘…

Ⅱ.①田…②田…

Ⅲ.①硬笔字－行楷－法帖

Ⅳ.①J292.12

中国版本图书馆CIP数据核字(2017)第237124号

出版发行：长江出版传媒　湖北美术出版社
地　　址：武汉市洪山区雄楚大街268号B座
电　　话：(027)87679525（发行）87679541（编辑）
传　　真：(027)87679523
邮政编码：430070
印　　刷：武汉安捷印刷有限公司
开　　本：889mm×1194mm　1/24
印　　张：3
版　　次：2017年11月第1版
　　　　　2018年11月第3次印刷
定　　价：15.00元

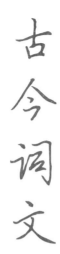

古今诗文

田英章 主编　田雪松 编著

田英章田雪松硬笔行楷描临本

长江出版传媒　湖北美术出版社　描品汇

目 录

灵：神奇。

斯：这。

惟吾德馨：只是居住的人品德
好就不觉得简陋了。

鸿儒：指学识渊博的人。

白丁：指没有什么学问的人。

素：指不加装饰。

丝竹：指奏乐的声音。

陋室铭

山不在高，有仙则
名，水不在深，有龙则

| 灵 | 斯 | 其 | 陋 | 室 | 惟 | 吾 | 德 |

| 馨 | 苔 | 痕 | 上 | 阶 | 绿 | 草 | 色 入 |

| 帘 | 青 | 谈 | 笑 | 有 | 鸿 | 儒 |

| | 白 | 丁 | | | | 素 | 琴 |

| 阅 | 金 | 经 | | 丝 | 竹 |

无丝竹之乱

庐，西蜀子云亭，孔子

云，何陋之有。

古今词文

陋室铭

山不在高，有仙则名。水不在深，有龙则灵。斯是陋室，惟吾德馨。苔痕上阶绿，草色入帘青。谈笑有鸿儒，往来无白丁。可以调素琴，阅金经。无丝竹之乱耳，无案牍之劳形。南阳诸葛庐，西蜀子云亭。孔子云：何陋之有。

工：指医术高明。
仓舒：曹冲的字。
恚：发怒。

华佗论

史称华佗以情恃能厌
事，为曹公所怒。荀文若
请曰：佗术实工，人命
系焉，宜议能以宥。曹
公曰：忧天下无此鼠辈
邪。遂考竟佗。至仓舒
病且死，见医不能生。始
有悔之之叹。嗟乎以操
之明略见几，然犹轻杀
材能如是。文若之智力
地望以的然之理攻之，
然犹不能返其恚。执柄
者之恚，真可畏诸。亦可

谕：劝告。

苟：假如。

壬人：指奸佞小人。

谕

苟

壬人

曰：方痛生之不可再也，
可不谓大哀乎？

　　夫以佗之不宜杀，昭
昭然不可言也。独病夫
史书之义，是将推此而
广耳。吾观自曹魏以来，
执死生之柄者，用一恚
而杀材能众矣。又乌用
书佗之事为？呜呼，前事
之不忘，期有劝且惩也。
而暴者复借口以快意。
孙权则曰：曹孟德杀
孔文举矣，孤于虞翻何
如？而孔融亦以应泰山
杀孝廉自譬。仲谋近霸
者，文举有高名，犹以可
惩为故事，矧他人哉？

至有悔，悉书焉，后之惑
者，复用是为口实。悲
哉。夫贤能不能无过，苟
置于理矣，或必有宽之
之请。彼至人皆曰，忧
天下无材邪。曾不知悔
之日，方痛材之不可多
也。或又有惜之之叹也。彼
至人皆曰，誉彼死矣
将若何。曾不知悔之
日，方痛生之不可再也
可不谓大衰乎。

夫以佗之不宜杀，昭
昭然不可言也。独为夫
或书之义，采佗推此而
广耳。吾观自曹魏以来，
执死生之柄者，用一恚
而杀材能众矣。又乌用
书佗之事为。呜呼。前事
之不忘，期有劝且惩也。

古今词文

而暴者复借口以快意
孙权则曰：曹孟德杀
孔文举杀，孙于虔翻何
如：而孔融亦以左泰山
举孝廉国譬，仲谋近霸
者，文举有高名，犹以可
怨为故事，杀他人哉？

晦明：指昼夜。
八极：八方极远处。
鸿蒙：自然之气。
上下交气：谓天地阴阳之气交感。
群生：犹万物。
骛：驰骋。
有待者：指需要依靠客观条件的人。
徙倚：徘徊。
纠纷：纠缠纷乱。

望赋

晦明

八极鸿蒙　上下交气

群生

骛

有待者

徙倚

纠纷

睎：远望。
庆霄：庆云，古人认为是一种吉祥的云气。
溯：回望。
阿阁：此处指皇宫。
碧落：天空。
非烟：庆云。
灞岸：灞水之岸，在长安东。
佳气：帝王之气。
槃：郁盘。
昭回：光明旋转。
骢马：青白色马。
宗万灵：即朝万神。
四隩：四方。

睎

庆霄　溯阿阁

碧落

非烟

灞岸

佳

气槃　昭回

骢马

宗

万灵　四隩

海峤：海边山。
斐亹：光彩貌。
属天：连天。
晥：视貌。
耸：耸动。
氛恶：谓有战事。
角：军中乐器。
旆旌：旗帜。

海峤

斐亹

属天

耸

氛

恶

角

旆旌

俟：待。

傥来：意外到来。

俟环玦：指等待召见回朝廷。

乔木：指故乡。

俟

傥来

俟

环玦

乔木

冲斗：气冲牛斗。
依风之感：思乡之感。

兮悦万族，秋含辇兮千
里因，秋之景兮悬清光，
偏结恨兮孔回肠，羡环
拱于白榆，惜驰晖于落
棠，谅**冲斗**兮谁见，伊戴
盆兮何望？岂止苏武在
胡，管宁浮海，送飞鸿之
灭没，附阴火之光彩，鹤
颈长引，乌头未变，怅四
极兮平原空，起何时兮
东山在。

秋望何如？伤怀孔
多，降将有**依风之感**，宫
人感忆月之歌，歌曰：张
衡侧身愁思兮，重攀登

古今词文

踊跃　翩夌巖兮戚蓤　旐

升龙兮模略　日转黄道

天开碧落　凝瑞景于庭

树　掬祥烟于殿幕

　　望如何其望且欢　登

灞岸兮见长安　纷扰扰

兮红尘合　郁葱葱兮佳

气攒　地象汉兮照回城

依斗兮阑干　避郁史之

骢马　逐申臣之金丸

　　望如何其望倏好　宗

万灵兮越四隩　汉帝仙

台兮秦皇海峤　霓衣飘

于汗漫　马迹穷乎欻徵

荣光度兮而爽埅　神光

属天而昭晰　晓春春以

驰精　辇春春而观妙

　　望如何其望有形　挽

蠢蠢兮穷冥冥　慈寒氛

愁兮荡天凝眺　睪苍

古今词文

见兮，云雾苍苍。乔木何
许兮，山高水长。春之气
兮悦万族，独含颦兮千
里目。秋之景兮悬清光，
偏结愤兮九回肠。羡环
杖于白榆，悄驰晖于[illegible]
[illegible]
[illegible]
[illegible]
[illegible]
[illegible]
[illegible]
[illegible]
[illegible]
[illegible]
[illegible]
[illegible]
徒自回首。不作渭滨垂
钓臣，羞为洛阳拜尘友

古今词文

间岁：隔一年。

大乱，举族东迁，以违患
难，因为东储侯所用，后
为淅西从事，府既如
盐铁副使，遂结殿中，至
殓于桶桥，其后累归淅
右，至扬州，遇疾不讳。
小子承风训，禀遗教，
眇然一身，奉尊夫人，不
能胜灭，后蒙恩制，或脱
衰绖累恩，先府君累赠
至吏部尚书，先太君卢
氏由彭城县太君累至范
阳郡太夫人。

初，禹锡既冠，举进
士，一幸而中试 间岁

奉温清：奉养父母。

丁先尚书忧：谓遭父丧。

檄：征聘的文书。

无虞：畅通无阻碍。

奉温清

丁先尚书忧

檄

无虞

弃天下：婉言皇帝之死。

寒俊：出身寒微的才俊之士。

前约乃行，调补京兆渭
南主簿。明年冬，擢为监
察御史。

贞元二十一年春，德
宗新弃天下，本官即位。
时有寒俊王叔文，以善
弈棋得通籍博望，因间
隙得言及时事，上大奇
之，如其所言。翌日擢
为重，起苏州掾，超
拜起居舍人，充翰林学
士，遂阴荐丞相杜公为
度支盐铁等使。翌日，叔
文欲窒窒，及内职兼充
副使。未几，特迁户部侍

以口辩移人：：善辩，能说服他人。

口辩移人

剧。诏下内禅 自称太上

皇 后谥曰顺宗 宪宗

即皇帝位 是时王叔文

凭藉宠臣大用事 数称

不得召对 宦掖事秘

而建桓立顺 功归贵臣

于是 叔文首贬渝州

后命论死 宰相贬崖州

禹锡出为连州 食宝刺史

又贬朗州司马 居九年

诏徵 复授连州 自连历

夔 和二郡 又除主客

郎中 分司东都 朋年迁

太子宾客 礼部郎中 赴苏

州刺史 赐金紫 移汝

州 兼御史中丞 又迁同

州 充本州防御 长春

宫使 后被足疾 改太子

宾客 分司东都 又改秘

书监分司 一年 加检校

祺：祥，福分。

重屯累厄：累遭不幸，命运坎坷。

数之奇：命运不好。

北牖：北窗。

祺

重屯累厄　数之奇

北牖

梦得 其先汉景帝贾夫
人子胜 封中山王 谥曰
靖 子孙因封为中山人
也 七代祖亮 事北朝为
冀州刺史、散骑常侍
遇迁都洛阳 为北部都
昌里人 世为儒而仕
坟墓在洛阳北山 其后
地隘不可依 乃葬荥阳
之檀山原 由大王父已
还 一昭一穆如平生 曾
祖凯 官至博州刺史
祖锽 由洛阳至淮棻楫
仕子脏事 少游淮隄间
逐 侍御史 赠尚书祠
部郎中 父讳绪 亦以儒
学 天宝末应进士 遂及
大乱 举族东迁 以避祸
难 因为东诸侯所用后
为淮西从事 年府就如

古今词文

盐铁别使，遂转殿中主
务于埇桥。其后罢归浙
右，至扬州遇疾不讳。
小子承风训，禀遗教，
眇然一身，奉尊大人之
柩，既反室，后乃登朝。武阶
都，崇恩泽，先府君累赠
至吏部尚书，先太君卢
氏由彭城县太君赠至范
阳郡太夫人。

初，禹锡既冠，某进
士一年而中试，间岁
又以文登吏部取士科，
校太子校书，官司闲旷，
得以请告奉温凊。是时
年少，名浮于实，士林
荣之。及丁先尚书忧，迫
礼不死，因成痼疾，既免
丧，相国扬州节度使杜
公领徐泗，素相知，遂请

为掌书记　捧檄入告

大夫人曰　吾不乐江淮

间　汝宜谋之于始　因

白丞相以请　曰　诺

居数月而罢除泗州河

路院　遂改为扬州掌

书记　涉二年而道无虞

罢归益行　视补阙未谢

卒于京　顺宗以擢公监

察御史

　　贞元二十一年春　德

宗行弃天下　来京即位

时有宦佞王伾李忠

言　杜佑凡群小

伾辈窃大柄以杀夺

之　如是遂殁以忧卒之

石金吴起苏洲挼起

释起房舍人充翰林学

士　遂阴蒋丞相杜公为

度支盐铁等使　翌日叔

古今词文

寝疾　宰臣及用事者都

不得召对　官掖事秘

而建桓立顺　功归贵臣

于是　叔文贬渝州

后命终死　宰相贬崖州

不出为连州　遂至荆南

又贬朗州司马　居九年

诏征　复授连州　因连为

宪　知二郡　又除主客

郎中　分司东都　开年迁

　　兼集贤学士　礼

　部　顺宗　为

　　宰臣及用

事　　　不得

而建　用立顺立宣之召

于是　分司东都入集贤

和监分司　一郡加检校

礼部尚书兼太子宾客

行年七十有一　卑疾之

因自为铭曰

古今词文

昭昭：光亮明白，指天能明察一切。
阴骘：暗中主宰。
冥冥：暗昧无知。
刺异：乖戾不同。
在罪：察罪。

天论（上）

世之言天者二道焉

昭昭

阴骘

冥冥

刺异

在罪

天人之际：指天人关系。
入形器者：有形质的事物。

天人之际

入形器者

阜生：茂盛生长。

耗眊：衰弱眼花。

挈敛：聚集收敛。

禁焚用光：防止火灾却用火照明。

窾：挖空。

液矿硎锴：熔化矿石，磨砺刀剑。

强讦：强暴和恶意攻击。

右贤尚功：尊重贤能和有功的人。

建极闲邪：建立制度防止邪恶。

三旌之贵：指高官。

其用在彼：非阳而 阜生

阴而肃杀 水火伤物

木坚金利 壮而武健

老而 耗眊 气雄相君

力雄相长 天之能也

阳而艺树 阴而 挈敛 防

害用濡 禁焚用光 弊材

窾坚 液矿硎锴 义制 强

讦 礼分 右贤 尚

功 建极闲邪

也

人能胜乎天者法

也 法大行 则是有公

是 非有公 非天下之

人 嫡道忘营 违之以

驳：混乱，驳杂。
僇辱：定罪处罚。

三旄之
贵

驳

僇辱

掔掔然：孤独貌。

故其人曰：彼且然而信
然，理也。彼不恃然而固
然，岂理邪？天也。福或
可以作取，而祸或可以
苟免，人道驳，故天命
之说亦驳焉。法大弛，则
是非易位，赏恒在佞，而
刑恒在直，又不足以制
且孤，然后元生以悖其所
人之说然，天之说其皇矣
哀。天实予之衰，而名徒存

掔掔然

独临者，掔掔然揽尔忧
之名，欲抗乎言天者，辞
数穷矣，

故曰：天之所能者

蹈道：依正道而行。

蹈道

生乎乱者人道眛不可
知　故由人者举归乎天
非天预乎人尔

　　　　天论（上）

　　　世之言天者二道焉
拘于昭昭者则曰　天
与人实影响　祸必以罪
降　福必以善来　穷厄而
呼必可闻　隐痛而祈必
可答　如有物捁然以宰
者　故阴骘之说胜焉
泥于冥冥者则曰　天
人实剌异　道袤于幽冥
来尝在罪　舂涵乎薰莸
来尝择善　跖骄焉而
遂　孔颜焉而厄　是茫
乎无有宰者　故自然之
说胜焉　余之友河东解

擘敛　防害用濡　禁绝用

光　斩材窜坚　塞矿刑铁

义制颜行　礼分长幼

右贤尚功　建极闲邪

人之能也　人能胜乎天

者　法也　法大行　则是

为公是　非为公非　天下

之公　蹈道必赏　违之必

罚　当其赏　虽三族之

贵　万钟之禄　处之咸曰

宜　何也　为善而然也

当其罚　虽三族之贱　万

钟之贫　处之咸曰宜　何

也　若是繁坚　塞矿刑铁

曰　天何预乃事邪　唯

告虔报功　朕素授时之

礼　曰天而已矣　福兮可

以善取　祸兮可以恶召

奚预乎天邪　法小弛

则是非驳　赏不必尽善

人曰：天何预人邪？我
蹈道而已。法大弛，则
其人曰：道竟何为邪？
任天而已。法小弛，则
天人之论驳焉。今以一
己之穷通，而欲质天之
有无，惑矣。余曰：天恒
执其所能以临乎下，非
有预乎治乱云尔；人恒
执其所能以仰乎天，非
有预乎寒暑云尔。生乎
治者人道明，咸知其所
自，故德与怨不归乎天；
生乎乱者人道昧，不可
知，故由人者举归乎天，
非天预乎人尔。

荆榛：荆棘。
牧竖：牧童。
才见：依稀可见。
要路津：交通要道。

荆榛

牧竖

才见

要路津

田中牧竖烧刍狗

陌上行人看石麟

华表半空经霹雳

碑文才见满埃尘

不知何日东瀛变

此地还成要路津

王气：帝王之气。
黯然：暗淡无光的样子。
寻：指长度单位。
降幡：降旗。
四海为家：指国家统一。

西塞山怀古

王濬楼船下益州

金陵　王气黯然　收

千　寻　铁锁沉江底

一　片　降幡　出石头

人世几回伤往事

山形依旧枕寒流

今逢　四海为家　日

故垒萧萧芦荻秋

西塞山怀古

王濬楼船下益州

金陵王气黯然收

千寻铁锁沉江底
一片降幡出石头
人世几回伤往事
山形依旧枕寒流
今逢四海为家日
故垒萧萧芦荻秋

乌衣巷：地名。在今南京市东南，秦淮河南，古与朱雀桥相近。

乌衣巷

朱雀桥边野草花

乌衣巷 口夕阳斜

旧时王谢堂前燕

飞入寻常百姓家

乌衣巷

朱雀桥边野草花

乌衣巷口夕阳斜

旧时王谢堂前燕

飞入寻常百姓家

萧萧：形容风吹树木的声音。

朝：凌晨。

孤客：独自旅居外地的人。

萧萧

朝

孤客

乐天：指白居易。

弃置：贬谪。

翻似：倒好像。

沉舟：这是诗人以沉舟、病树
自比。

侧畔：旁边。

乐天

弃置

翻似

沉舟侧畔

怀旧空吟闻笛赋

到乡翻似烂柯人

沉舟侧畔千帆过

病树前头万木春

今日听君歌一曲

暂凭杯酒长精神

古今词文

寂寥：孤单冷清。
春朝：春天。
排：推开。
碧霄：青天。
深红：指红叶。
浅黄：指枯叶。
清：指秋风清凉。
嗾：使。

寂寥

春朝

排

碧霄

深红　浅黄

清嗾

秋词

其一

自古逢秋悲寂寥

我言秋日胜春朝

晴空一鹤排云上

便引诗情到碧霄

其二

山明水净夜来霜

数树深红出浅黄

试上高楼清入骨

岂如春色嗾人狂

带频减：腰带多次缩减。

随年：延长寿命。

幸矣：幸运。

桑榆：指桑榆二星。太阳落到

桑榆二星之间天色就晚了，比

喻老年。

带频减

随年

幸矣

桑榆

酬乐天咏老见示

人谁不顾老
老去有谁怜
身瘦带频减
发稀冠自偏
废书缘惜眼
多灸为随年
经事还谙事
阅人如阅川
细思皆幸矣
下此便翛然
莫道桑榆晚
为霞尚满天

净尽：指开完后空无所有。

净尽

结绮临春：陈后主为贵妃所建
高楼名。
万户千门：指宫殿。
后庭花：歌曲名。

台城

台城六代竞豪华
事最奢
成野草

只缘一曲

结绮临春
万户千门
后庭花

台城

台城六代竞豪华
结绮临春事最奢
万户千门成野草
只缘一曲后庭花

古今词文

凝睇：凝视。
渚鸿：水泽中大雁。
遐征：远行。
市朝人：汲汲于名利的人。
衾：被子。
爽：指新鲜空气。
浩荡：指自己的胸怀。

凝睇
渚鸿
遐征　　　市朝
人
衾　　　　　　爽
浩荡

江明。草树含远思，襟杯
有馀清。凝睇万象起，朗
吟孤愤平。渚鸿未矫翼，
而我已遄征。因思市朝
人，方听晨鸡鸣。昏昏恋
衾枕，安见元气英。纳爽
耳目变，玩奇筋骨轻。沧
洲有奇趣，浩荡吾将行

莹静：莹净，光洁。

琪树：玉树。

雪氅：白色鹤氅。

羽扇：白羽扇，比喻白菊花。

琼浆：美酒，指菊上的露水。

银井：银床，井栏的美称。

莹静　琪树

雪氅

羽

扇　琼浆

银井

粉奁：妇女脂粉匣。
爇：燃烧。

粉奁
爇

牛相公林亭雨后偶成

飞雨过池阁
浮光生草树
新竹开
初莲香注
野花无时节
水鸟自来去
若同知境人
人间第一处

牛相公林亭雨后偶成

飞雨过池阁
浮光生草树

新竹开粉套
初莲艺香注
野花无时节
水鸟自来去
若问知镜人
人间第一处

白银盘：形容平静的洞庭湖面。
青螺：此处形容洞庭湖中的君山。

望洞庭

湖光秋月两相和

潭面无风镜未磨

遥望洞庭山水色

白银盘里一青螺

望洞庭

湖光秋月两相和

潭面无风镜未磨

遥望洞庭山水色

白银盘里一青螺

直上银河：古代传说黄河与天上银河相通。

琼砂：晶莹如玉的沙石。

浪淘沙九首

其一

九曲黄河万里沙

浪淘风簸自天涯

如今**直上银河**去

同到牵牛织女家

其二

洛水桥边春日斜

碧流清浅见**琼砂**

无端陌上狂风急

惊起鸳鸯出浪花

其三

汴水东流虎眼文

清淮晓色鸭头春

狂夫：女子称其夫。
定晚霞：与晚霞相媲美。
隈：水流弯曲处。

狂夫

定晚霞

隈

海门：江河入海之处。

美人首饰侯王印
尽是沙中浪底来

其七

八月涛声吼地来
头高数丈触山回
须臾却入海门去
卷起沙堆似雪堆

其八

莫道谗言如浪深
莫言迁客似沙沉
千淘万漉虽辛苦
吹尽狂沙始到金

其九

流水淘沙不暂停
前波未灭后波生

律水东流虎眼文

清淮晓色鸭头春

君看渡口淘沙处

渡却人间多少人

其四

鹦鹉洲头浪飐沙

青楼春望日将斜

衔泥燕子争归舍

独自狂夫不忆家。

其五

濯锦江边两岸花

春风吹浪正淘沙

女郎剪下鸳鸯锦

将向中流定晚霞。

其六

日照澄洲江雾开

淘金女伴满江隈

美人首饰侯王印

尽是沙中浪底来。

其七

八月涛声吼地来

头高数丈触山回。

须臾却入海门去

卷起沙堆似雪堆。

其八

莫道谗言如浪深

莫言迁客似沙沉

千淘万漉虽辛苦

吹尽狂沙始到金

其九

流水淘沙不暂停

前波未灭后波生

令人忽忆潇湘渚

回唱迎神三两声